westermann

Lesestrategieheft 3
mit Schreibaufgaben

Bayern

Erarbeitet für Bayern von:
Dr. Almut Drummer

Illustriert von:
Svenja Doering

Inhaltsverzeichnis

1 Ich allein und wir zusammen S. 4

Lesen üben

Das kann ich jetzt
- Wörter genau lesen
- Wörter zusammensetzen
- Bilder und Sätze vergleichen
- Texte flüssig lesen

2 Wortsalat und Sprachenmix S. 10

Lesestrategien kennenlernen

Das kann ich jetzt
- Texte flüssig lesen
- Wörter erklären
- Erklärkarten erstellen
- die Reihenfolge erkennen

3 Lesemops und Bücherwurm S. 16

Lesen und verstehen

Das kann ich jetzt
- Wörter erklären
- genau lesen
- Elemente eines Interviews erkennen
- Ideen finden und vergleichen

4 Familienband und Gefühlskarussell S. 22

Lesen üben

Das kann ich jetzt
- Text und Bild vergleichen
- Texte flüssig lesen
- Rückmeldung zum Lesen geben
- genau lesen
- sinnvoll betonen

5 Medienspaß und Technikwunder S. 28

Lesestrategien kennenlernen

Das kann ich jetzt
- Ideen finden und vergleichen
- die Abfolge erkennen
- wichtige Wörter verstehen
- sich in eine Figur hineinversetzen
- genau lesen

6 Abenteuerlust und Heldentat S. 34

Lesen und verstehen

Das kann ich jetzt
- Vorwissen benennen
- Lesestrategien auswählen
- sich in eine Figur hineinversetzen
- Ideen finden und vergleichen
- am Text belegen

7 Dickhäuter und Plagegeister S. 40

Lesen üben

Das kann ich jetzt
- Text und Bild vergleichen
- Wortgrenzen erkennen
- Sätze genau lesen
- Rückmeldung zum Lesen geben
- sinnvoll betonen

8 Tagträume und Zeitreisen S. 46

Lesestrategien kennenlernen

Das kann ich jetzt
- eine Tabelle lesen
- eine Tabelle ausfüllen
- Informationen finden
- Informationen ordnen
- ein Diagramm genau lesen

9 	**Schneemänner und Sandburgen** S. 52	Lesen und verstehen	Das kann ich jetzt • ein Diagramm genau lesen • Informationen finden • Informationen ordnen • eine Tabelle ausfüllen • einen Zeitstrahl erstellen
	Methoden und Lesestrategien S. 58	Lesen üben Vor dem Lesen Beim Lesen Nach dem Lesen	Lesen üben • über Lesefertigkeiten verfügen Lesestrategien • über Lesefähigkeiten verfügen • Texte erschließen • Texte präsentieren

Was diese Zeichen bedeuten:

 Ich arbeite mit einem Partnerkind.

Ich bearbeite die Aufgabe in meinem Heft.

△ Ich-Du-Wir-Lernform

Ich informiere mich mit Hilfe von Medien. Dazu zählen Bücher, CDs, Internet und mehr.

 Wir führen eine Lesekonferenz durch.

S. 126 Ich schlage im Kapitel **Methoden und Lesestrategien** nach.

 Ich lasse mir den Text vorlesen.

 Vor dem Lesen

 Beim Lesen

 Nach dem Lesen

 Über das Lernen nachdenken

In den Fußzeilen sind die Kompetenzen / Inhalte der jeweiligen Seite aufgelistet.

Ich allein und wir zusammen

Lesen üben

S. 58 **1** Welche Sätze passen zu welchem Bild?
Lies und verbinde.

Leon fährt mit einem grünen Schal
und roten Rollschuhen
durch die Wüste.

Fine klettert an einem roten Seil
den Baum hinunter.

Leon fährt mit grünem Schal
und grünen Rollschuhen
durch die Wüste.

Fine klettert
an einer roten Strickleiter
den Baum hinunter.

S. 59 **2** Lies die Sätze aus Aufgabe **1** im Tandem.

3 Setze die Wörter richtig zusammen und schreibe sie auf.
Lest euch die Wörter vor.

B̶ä̶r̶e̶n̶-̶	-sauger	Spül-	Seil-	-schuhe
Staub-	-sack	Ruck-	Bade-	-p̶f̶o̶t̶e̶n̶
Wander-	-wanne	-maschine	-tänzer	

Bärenpfoten,

❶ Lies die Sätze und verbinde sie mit den Bildern.

Kaja schaukelt mit ihrem Stofftier. •

Simeon schaukelt mit Kajas Stofftier. •

Leni sitzt mit Simeon auf der Schaukel. •

Simeon sitzt mit seiner Lieblingskatze
auf der Schaukel. •

❷ Lies genau. Welches Wort ist richtig geschrieben?
Streiche das falsche Wort durch.

Paul und Sonja sind beste ~~Freinde~~ | Freunde .

Sie kennen sich schon seit dem Kindergarten | Kindergartan .

In der Schule sitzen sie beiienander | beieinander .

Denn Paul kannt | kennt sich gut mit Sonjas Krankheit aus.

Sie ist zuckerkrank.

Er merkt | markt schnell, wenn ihr Zuckerwert nicht stimmt.

Sie braucht dann Truabenzucker | Traubenzucker oder Insulin.

❸ Übe den Text aus Aufgabe ❷ zu lesen. Lies ihn mehrmals. S. 58

❹ Überprüft beim Lesen von ❷ gegenseitig euer Lesetempo.  S. 59

Über Lesefähigkeiten verfügen: Texten Informationen entnehmen und mit Bildern verknüpfen
Über Lesefertigkeiten verfügen: Texte genau und flüssig lesen, Rückmeldungen zum Lesen geben

Lesebuch
S. 4–17

1 Ergänze die fehlenden Endungen.

Hannah, Felix und Linda sind ein gut__es__ Team.

Vor ein paar Woch___ haben sie beschlossen,

gemeinsam auf Spurensuche zu gehen. Felix ha___ sich

ein___ besonders gut___ Lupe besorg___ .

Hannah nimm___ ihren Hund Carlson mit.

Er schnüffelt jed___ Spur hinterher. Und Linda träg___

in ihr Notizbuch all___ ein, was ihr wicht___ erscheint.

Diesmal such___ sie das Rad, das Felix gestern

am Leuchtturm abgestell___ hatte.

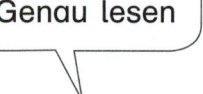
Genau lesen

2 Wer sitzt wo? Lies den Text und trage die Namen ein.

1 Paul, Lena und Sonja gehen ins Kino. Paul möchte
unbedingt zwischen den beiden sitzen. Sie setzen sich
und schauen den Film an. Sonja packt Schokolade aus
und Lena Popcorn. Paul hat für alle Salzstangen
5 mitgenommen. Doch bevor er sie auspacken kann,
bekommt er zuerst von links Schokolade
und danach von rechts Popcorn.
Schreibe auf, wer wo sitzt:

S. 61

3 Unterstreiche die wichtigen Informationen im Text von Aufgabe **2**.

4 Lest euch den Text von Aufgabe **2** vor.
Betont dabei die wichtigen Informationen.

1 Welches Wort passt?
Streiche durch, was falsch ist.

Das Urmel [läuft] [~~läutet~~] am liebsten auf der ganzen Insel umher. Die [Steinedame] [Schweinedame] Wutz sucht es oft. Sie hat viel Arbeit mit dem jungen [Dachs] [Drachen]. Denn das Urmel ist so [neugierig] [teugierig]. Es [geht] [weht] überall hin. Auf der Insel hat es gute [Feinde] [Freunde]: den [Seeelefanten] [Seeelferich] Wawa und den Pinguin Ping-Pinguin. Mit ihnen [tritt] [trifft] es sich gerne. Ping-Pinguin hat eine wunderschöne große [Wuschel] [Muschel]. Wenn er seine [Muhe] [Ruhe] haben will, dann [pappt] [klappt] er sie auf und legt sich in sie hinein.

2 Unterstreiche im Text von Aufgabe **1** alle Tiere.

S. 61

3 In welcher Reihenfolge werden die Tiere im Text von Aufgabe **1** erwähnt? Nummeriere in der richtigen Reihenfolge.

☐ Wawa ☐ Ping-Pinguin ☐ Urmel ☐ Wutz

4 Lest euch gegenseitig den Text vor. Betont dabei die Tiere.

5 Welche Tiere hat dein Partnerkind betont? Kreuze an.

☐ Urmel ☐ Ping-Pinguin ☐ Wutz ☐ Wawa

Über Lesefähigkeiten verfügen: Sätze vervollständigen
Texte erschließen: Abfolge veranschaulichen
Über Lesefertigkeiten verfügen: Texte richtig und in angemessenem Tempo lesen, Hinweise nutzen

Lesebuch
S. 4–17

1 Ordne die Bilder den Texten zu.

Elsa spielt mit drei Kindern Fußball.

Sie schießt aufs Tor.
Doch sie trifft nicht.
Der Ball prallt an einem Baum ab.

Dabei rutscht Elsa aus
und fällt in den Matsch.

Zwei Kinder helfen ihr auf.
Das andere Kind bringt ihr
den Ball.

2 Lies und setze die Wörter ein.

| Zirkus | Freunden | Elefanten | trennen | Zoo | gehört |

Hast du das schon einmal _____ ?

Tiere, die sich normalerweise aus dem Weg gehen,

werden zu _____ .

Das gab es zum Beispiel in einem _____ .

Bei einer Kameldame und einem _____ war es so.

Als der Elefant zu alt war, um im Zirkus aufzutreten, sollte er

in einen _____ . Doch Elefant Ali wollte sich nicht

von der Kameldame _____ . Deshalb ging sie mit ihm mit.

Passende Wörter finden

S. 59 **3** Lies den Text im Tandem mit einem Partnerkind.
Kreise schwierige Stellen ein.

Das kann ich jetzt

Diese Wörter habe ich dazugelernt. Ich kann sie jetzt leichter lesen:

_____

_____

Diesen Text aus diesem Kapitel kann ich besonders gut lesen:

Seite: ____ Aufgabe: ____

Kreuze an, welche Methoden und Strategien dir helfen, einen Text zu verstehen:

- ☐ Ich übe im Lesetandem.
- ☐ Ich vergleiche Text und Bild.
- ☐ Ich lese lauter, leiser, langsamer oder schneller, um zu betonen.
- ☐ Ich unterstreiche besondere Stellen.

Lies die Aussagen und schätze dich ein:

- Ich kann Sätze Bildern zuordnen. 😃 🙂 😐 ☹
- Ich kann richtige Wörter für einen Satz finden. 😃 🙂 😐 ☹
- Ich kann betont lesen. 😃 🙂 😐 ☹
- Ich kann aufmerksam zuhören. 😃 🙂 😐 ☹
- Ich kann sinnvoll lesen üben. 😃 🙂 😐 ☹

Welcher Text gefällt dir besonders? Erkläre.

_____

Wortsalat und Sprachenmix

Lesestrategien kennenlernen

S. 60 **1** Was möchtest du über Geheimsprachen wissen? Sprecht darüber.

> La ufz umr ot enturm
>
> fual muz netor mrut

Ideen sammeln, Wissen nutzen

2 Lies den Text.

Geheimsprache

1 Hast du auch schon einmal Nachrichten erhalten, die du nicht verstanden hast? Waren sie in einer Geheimsprache geschrieben? Menschen haben Geheimsprachen entwickelt, damit andere nicht verstehen, wovon sie reden.
5 Einige Räuber zum Beispiel hatten früher so eine Geheimsprache. Sie wollten einander zeigen, wo es etwas zu stehlen gibt. Deshalb malten sie Zeichen ihrer Geheimsprache an Hauswände. Niemand außer ihnen verstand sie.

Astrid Lindgren hat in ihrem Buch **Kalle Blomquist** auch
10 eine Geheimsprache verwendet. Kalle Blomquist ist ein pfiffiger Junge. Er leitet eine Gang (sprich: Gäng). In den Sommerferien versucht die Gang, Fälle aufzuklären. Sie arbeiten wie Detektive. Niemand darf etwas davon mitbekommen. Deshalb nutzt Kalle mit seinen Freunden eine Geheimsprache: Jeder Konsonant
15 wird verdoppelt. Dazwischen wird der Vokal o gesetzt. Ob du herausfindest, welcher Name sich hier verbirgt?

> Kok-alol-lol-e

Wichtige Wörter finden

S. 61 **3** Suche im Text von Aufgabe **2** wichtige Wörter und unterstreiche sie.

4 Kreise Wörter ein, die du nicht verstehst.

10 Über Lesefertigkeiten verfügen: Texte flüssig lesen
Text erschließen: Erwartungen und Vermutungen formulieren, wichtige Informationen finden

Lesebuch
S. 22–35

1 Löse die Rätsel.

Lösungswörter: Rebuär   Gnag   Vitketed

Wörter erklären

Jemand, der einen Fall löst, ist ein _____ .

Menschen, die andere bestehlen, sind _____ .

Das Wort kommt aus dem Englischen.
Es beschreibt eine Gruppe von Menschen,
die etwas gemeinsam unternehmen: _____ .

2 Erstellt Rätsel zu Wörtern aus dem Text auf Seite 10.

3 Welche Informationen im Text auf Seite 10 passen zu welchem Bild? Unterstreiche die Sätze in den Farben der Rahmen.

Informationen markieren

4 Wie ist der Sachtext auf Seite 10 aufgebaut? Nummeriere.

☐ Dann wird erklärt, wofür Geheimsprachen wichtig sein können.

☐ Zum Schluss wird Kalle Blomquists Geheimsprache erklärt.

☐ Zuerst wird erklärt, was das Wort Geheimsprache bedeutet.

☐ Danach wird berichtet, warum Kalle Blomquists eine Geheimsprache benutzt.

Erklärkarten erstellen

5 Male und schreibe die wichtigsten Informationen aus der Geschichte auf Erklärkarten und stelle sie danach anderen vor.

6 Sucht nach weiteren Informationen zu Geheimsprachen.

Über Lesefähigkeiten verfügen: schwierige Wörter klären, in andere Ausdrucksform umsetzen, neue Informationen mit Vorwissen vergleichen, Informationen strukturieren

Lesebuch S. 22–35

1 Was kann man mit diesen Materialien tun?
Kreuze an.

☐ Zitronensaft herstellen

☐ Geheimtinte herstellen   Ideen sammeln

☐ Papier glatt bügeln

2 Begründe deine Vermutung.
Beginne so:

Ich vermute, dass …. Denn …

3 Lies den Text.

Wie stellt man Geheimtinte her?

1   Kennst du Geheimtinte? Nur mit einem Trick
kann man lesen, was auf dem Papier steht.
Das benötigst du, um sie herzustellen:
Zitronensaft, ein Glas, einen Federhalter
5   mit Feder, ein Blatt Papier und ein Bügeleisen.
So stellst du sie her: Tauche den Federhalter
in das Glas mit Zitronensaft, denn er ist deine Tinte.
Schreibe damit eine Nachricht auf ein weißes Papier.
Noch kannst du nichts lesen. Wenn die Geheimtinte
10 trocken ist, bügelst du mit einem warmen Bügeleisen
über das Papier. Jetzt kannst du die Nachricht lesen.
Denn wenn der getrocknete Zitronensaft
erhitzt wird, verfärbt er sich. Er wird braun.

Über Lesefähigkeiten verfügen: geeignete Texte richtig lesen, Erwartungen und Vermutungen formulieren, in Medien recherchieren

Lesebuch
S. 22–35

1 Welche Verben fehlen?
Lies den Text auf Seite 12 und ergänze.

Wörter erklären

S. 61

Will man Geheimtinte _____ ,

benötigt man verschiedene Materialien, aber vor allem Zitronensaft.

Zuerst muss man die Feder in den Saft _____ ,

um mit ihm schreiben zu können. Ist er auf dem Papier

_____ , so kann man die Geheimtinte

mit dem Bügeleisen erhitzen. Dann _____ sich

die Geheimtinte und wird braun.

Erst jetzt kann man lesen, was man geschrieben hat.

2 Vervollständige die Tabelle.
Lies dazu den Text auf Seite 12.

Genau lesen, Informationen richtig zuordnen

S. 63

	Material	Was wird getan?	Warum?
1. Schritt	Federhalter, Glas mit Zitronensaft	Federhalter in Zitronensaft eintauchen	Zitronensaft als Tinte benutzen
2. Schritt			Nachricht soll unsichtbar sein
3. Schritt	x x x x x		x x x x x
4. Schritt	Bügeleisen, Nachricht auf weißem Papier		

3 Stellt Geheimtinte her. Achtet auf die Reihenfolge der Schritte.
Informiert euch und sprecht darüber. △ ▢

Texte erschließen: Verben verstehen, Informationen strukturieren, Informationen mit Ausführung vergleichen, in Medien recherchieren

Lesebuch
S. 22–35

1 Ordne den Texten Überschriften zu. Verbinde.

Oberbegriffe finden

Tauche den Federhalter in das Glas mit Zitronensaft, denn der Zitronensaft ist deine Tinte.

Schreibe jetzt damit eine Nachricht auf ein weißes Papier. Noch kannst du nichts lesen.

Wenn die Geheimtinte trocken ist, bügelst du mit einem warmen Bügeleisen über das Papier. Jetzt kannst du die Nachricht lesen.

Denn wenn der getrocknete Zitronensaft erhitzt wird, verfärbt er sich. Er wird braun.

Geheimtinte erhitzen

Federhalter in Geheimtinte eintauchen

Erhitzte Geheimtinte aus Zitronensaft wird sichtbar.

Zitronensaft zum Schreiben nutzen

2 Notiere Fragen, die du nach der Durchführung des Versuchs hast. Sprecht darüber und beantwortet sie in der Gruppe. △

_____

_____

_____

3 Darauf muss ich bei einer Anleitung achten. Kreuze an.

☐ Materialien angeben ☐ Schritte erraten lassen

☐ lebendig erzählen ☐ Schritte genau beschreiben

☐ Reihenfolge angeben ☐ wörtliche Rede einbauen

Das kann ich jetzt

Diese Wörter habe ich dazugelernt. Ich kann sie jetzt leichter lesen:

Von diesen Wörtern kann ich die Bedeutung erklären:

Kreuze an, welche Methoden und Strategien dir helfen, einen Text zu verstehen:

- [ ] Ich denke über Wörter und Bilder nach, bevor ich den Text lese.
- [ ] Ich stelle Fragen zum Text und zum Thema.
- [ ] Ich male und schreibe die Informationen auf.
- [ ] Ich spreche mit meinem Partnerkind über den Text.
- [ ] Ich lese im Text nach, wenn ich Fragen habe.
- [ ] Ich vergleiche meine Gedanken mit dem Text.

Welche Texte gefallen dir besonders? Erkläre.

Welche Fragen hast du zu deinen Lieblingstexten?

Lesemops und Bücherwurm

Lesen und verstehen

1 Lies die Überschrift in ❹. Sieh dir auch das Bild auf Seite 17 dazu an.

Ideen sammeln

2 Notiere deine Gedanken zum Bild.

_____

_____

S. 61 **3** Kreuze passende Aussagen an.

Bücherkamele

☐ gibt es in der Wüste.   ☐ üben mit Kindern lesen.

☐ gibt es im Zoo.   ☐ tragen Bücher von Ort zu Ort

☐ lesen gerne.   ☐ schlafen immer.

4 Lies den Text.

Das Bücherkamel

1 Was macht ihr, wenn ihr Bücher sucht?
Ihr geht in eine Bibliothek und leiht sie euch aus.
Meist ist der Weg dorthin gar nicht so weit.
Vielleicht gibt es bei euch auch einen Bücherbus.
5 In der Schule könnt ihr sie in der Klassenbibliothek
ausleihen oder eure Eltern schenken euch gern Bücher.

In vielen Ländern aber ist es schwer, Bücher zu bekommen.
Bibliotheken und Geschäfte sind oft weit entfernt.
In der Mongolei, ein Land, das zwischen China und Russland liegt,
10 möchte man auch Kindern Bücher zum Lesen geben, die sie sich
kaum kaufen können, weil sie von den Städten zu weit entfernt sind.
Denn sie leben als Nomaden. Das heißt, sie wohnen in Zelten

und reisen mit ihren Tieren von einem Weideplatz zum nächsten.
Wo die Tiere ihre Weide haben, da bauen sich Nomaden Zelte auf
15 und wohnen darin, bis die Tiere das Gras auf der Weide
gefressen haben. In der Nähe der Weideplätze gibt es
keine Bibliothek und kein Geschäft.

Deshalb hatte der mongolische Autor Dashdondog Jamba
die Idee, mit seinem Kamel zu den Nomaden zu ziehen
20 und ihren Kindern im Sommer Bücher auszuleihen.
Denn im Sommer haben die Kinder Ferien und
leben bei ihren Eltern und den Tieren. Dort gibt es
keine Möglichkleit, sich Bücher auszuleihen.
Sein Kamel trug in Kisten die Bücher zu den Kindern.
25 Die Kinder freuten sich sehr.

1 Welche deiner in Aufgabe **2** notierten Gedanken findest du auch im Text? Unterstreiche sie.

Genau lesen

S. 62

2 Verbinde Wörter, Bilder und Erklärungen. Informiert euch und sprecht darüber.

S. 61

Bibliothek		Sie ziehen mit ihren Tieren von Ort zu Ort.
ausleihen		Bücher und andere Medien kann man mitnehmen. Später bringt man sie wieder zurück.
Nomaden		Dort befinden sich viele Bücher und andere Medien.
Bücherbus		In dem Bus gibt es viele Medien zum Ausleihen.

3 Was möchtest du noch über Kinder von Nomaden wissen? Besprich dich mit einem Partnerkind und informiert euch dazu.

Interview mit der Illustratorin* Svenja Doering

1 **Haben Sie schon als Kind gemalt?**
Ja, das habe ich.

Wie entstehen in Ihrem Kopf Bilder?
Wenn ich eine Geschichte lese, stelle ich mir
5 schon beim Lesen vor, wie Personen oder
Landschaften aussehen. Manchmal kommt mir
auch ein Bild in den Kopf, das auf den ersten Blick gar nicht
so gut passt. Dann überlege ich, warum es mir eingefallen ist.
Vielleicht hat mich der Text an etwas erinnert, was ich früher
10 einmal erlebt habe. Oft muss ich meinen Einfall nur ein bisschen
verändern, damit er schließlich doch zur Geschichte passt.

Wie können Sie Ihre Fantasie so schnell in ein Bild übertragen?
Nicht immer geht das schnell. Einige Motive fallen mir
schneller ein, bei anderen überlege ich oft tagelang.
15 Manchmal sehe ich etwas im Alltag und bekomme dadurch
eine Idee für eine Illustration. Ich mache immer erst eine Skizze.
Das heißt, ich entwerfe meine Idee mit Bleistift. In der Vorzeichnung
ist nur das Wichtigste zu sehen. Manchmal probiere ich auch
erst verschiedene Ideen, bevor ich mich dann entscheide:
20 Ich sehe mir die Figur von unterschiedlichen Seiten an,
überlege, wo sie stehen soll, was noch auf dem Bild zu sehen ist und
auch, wie man auf die Figur sieht: von oben, von der Seite
oder eher von unten.

Wie schaffen Sie es, dass die Figuren so lebendig wirken?
25 Das ist eine schwierige Frage.
Ich bemühe mich natürlich, Bewegung
in die Figuren und Tiere zu bekommen.
Manchmal gelingt das, wenn ich
die Körperhaltung übertreibe. Ich male
30 zum Beispiel eine ganz lange Schnauze,
wenn ein Hund an einer Wurst schnuppert.

* Eine Illustratorin malt die Bilder zu einem Text. Das ist ihr Beruf.

Wie erkennen Sie immer das Wichtige im Text?

Ich habe schon immer gerne gelesen und liebe Sprache
und auch Gedichte. In der Schule war Deutsch
35 neben Kunst mein Lieblingsfach. Und tatsächlich lernt man
im Deutschunterricht, das Wichtige in Texten zu erkennen.

Malen Sie manchmal auch etwas anderes, als im Text steht?

Manchmal soll verdeutlicht werden, was im Text steht.
Man nennt das: einen Text illustrieren. Manchmal soll aber auch
40 nur eine Stimmung dargestellt oder ein Hinweis gegeben werden.
Bei Gedichten darf es auch fantasievoller sein.
Da gehe ich oft über das hinaus, was im Text steht.

Malen Sie die Bilder mit der Hand?

Die Skizzen male ich zuerst mit Bleistift auf Papier
45 und scanne sie dann ein. Die Scans bearbeite ich danach
auf dem Computer mit verschiedenen Zeichenprogrammen.
Am Computer kann man viele Farben ausprobieren und
tolle, kräftige Farben wählen, die man mit Aquarellfarben
viel schwieriger hinbekommen würde.

1 Lies das Interview.

2 Was ist damit gemeint? Verbinde.
Informiert euch und sprecht darüber.

Genau lesen

Eine Skizze ist	eine Art Foto, das der Computer erzeugt.
Ein Scan ist	etwas mit einem Bild zu verdeutlichen.
Illustrieren meint,	wie der Körper ist, zum Beispiel gebückt.
Die Körperhaltung zeigt,	eine Vorzeichnung, auf der das Wichtigste zu sehen ist.

S. 61

1 Finde im Interview auf Seite 18 und 19 Tipps, die dir beim Malen helfen. Kreuze an.

Genau lesen

- [ ] Ich erinnere mich an etwas, was im Alltag passiert ist.
- [ ] Ich male immer alles mit Bleistift vor.
- [ ] Ich male die Figuren bunt, damit sie lebendig wirken.
- [ ] Ich übertreibe, wenn Figuren lebendig wirken sollen.

2 Unterstreiche die Tipps im Interview.

3 Wie kommen Bilder in den Computer?
Nummeriere in der Reihenfolge.

S. 64

4 Welche Strategien hast du benötigt, um die Reihenfolge zu benennen?
Schreibe Stichwörter auf.

_____

_____

5 Was ist an einem Interview besonders? Kreuze an.

- [ ] Eine Person stellt Fragen, eine andere beantwortet sie.
- [ ] Der Text ist wie ein Gespräch.
- [ ] Der Text ist wie ein Theaterstück.
- [ ] Der Text ist wie eine Geschichte.
- [ ] Man erhält viele Informationen über eine Person oder ein Thema.

Das kann ich jetzt

Diese Wörter habe ich dazugelernt. Ich kann sie jetzt leichter lesen:

Von diesen Wörtern kann ich die Bedeutung erklären:

Kreuze die Methoden und Strategien an, die dir helfen, einen Text zu verstehen:

- ☐ Ich denke über Wörter und Bilder nach, bevor ich den Text lese.
- ☐ Ich stelle Fragen zum Text und zum Thema.
- ☐ Ich suche nach Erklärungen für Wörter, die ich nicht verstehe.
- ☐ Ich male und schreibe die Informationen auf.
- ☐ Ich spreche mit meinem Partnerkind über den Text.
- ☐ Ich lese im Text nach, wenn ich Fragen habe.

Welche Texte gefallen dir besonders? Erkläre.

Welche Fragen hast du zu deinen Lieblingstexten?

Familienband und Gefühlskarussell

Lesen üben

S. 62

1 Nur ein Bild passt. Kreuze es an.

1 Mathilda ist wütend. In ihrer blauen Latzhose sitzt sie
verkehrt herum auf ihrem grünen Stuhl. Die Arme
hat sie auf die Lehne gestützt. Mit den Fäusten hält sie
ihren Kopf fest. Immer muss sie alles aufräumen.
5 Nur weil sie die Ältere ist. Vor Wut ist ihr Gesicht ganz rot.
Es ist fast so rot wie ihre Schuhe, die sie extra
für die Theateraufführung in der Schule bekommen hat.
Heute Mittag ist Generalprobe. Sie ist wütend und aufgeregt zugleich.

Genau lesen

2 Lies die Wörter. Verbinde sie mit dem passenden Bild.

Marmeladendiebe

Rasenkaputtmacher

Fernsehfaulenzer

Autoblankpolierer

S. 58

3 Lest euch die Wörter aus Aufgabe **2** vor.

4 Wie viele Wörter aus Aufgabe **2** kannst du in 20 Sekunden lesen?

22   Über Lesefähigkeiten verfügen: Bilder und Wörter oder Texte verknüpfen
Über Lesefertigkeiten verfügen: Texte genau und flüssig lesen,
Lesetempo erhöhen, Rückmeldungen zum Lesen geben

Lesebuch
S. 58–71

1 Bilde sinnvolle Sätze.
Streiche durch, was nicht passt.

Das Huhn Friederike sitzt | auf dem Wasser | auf der Stange |
und legt ein Ei ins weiche Stroh.

Tibo ist der Kleinste der Elefantenfamilie.
Er bespritzt sich gerne mit | Regen | Wasser |.

Maus Frederik
| versteckt sich auf einem Stein | setzt sich auf einen Stein |.

Affe Fridolin schwingt sich im Urwald
| mit einem Arm | auf einem Arm | von einem Ast zum anderen.

Genau lesen

2 Übe den Text zu lesen.
Überprüft gegenseitig das Lesetempo.

S. 59

3 Kannst du die Rätselwörter lesen?
Schreibe den Text ab.

Einmal Prinzessin s(ei)n! Davon träumt Vik[tor]ia.

H(ei)mlich probiert sie die f(ei)nen Schuhe ihrer Mutter.

Wenn die Pf(erd)e an (ei)nem w(arm)en Somme(r)(abend)

über die Wiesen t(rab)en, stellt sie sich vor, dass sie (ei)n Prinz

auf s(ei)n Sch(loss) holt. Sie sieht sich an (ei)ner herrlichen Tafel

sitzen. Es gibt Ar(tisch)oken, R(ei)s und Hühnchen.

Wenn sie aus dem Traum erw(acht), sieht sie sich in Gummi(stiefel)n

auf der Wiese stehen und die Pf(erd)e striegeln.

1 Ordne die Sätze den Bildern zu.
Trage die Zahlen ein.

Text und Bild vergleichen

Martin hat einen schmalen
gräulichen Fisch an der Angel.
Links neben ihm steht der rote Eimer
mit allem, was er gefangen hat.

Martin hat einen schmalen
bläulichen Fisch an der Angel.
Rechts neben ihm steht der rote Eimer
mit allem, was er gefangen hat.

Martin hat einen schmalen
gräulichen Fisch an der Angel.
Rechts neben ihm steht der grüne Eimer
mit allem, was er gefangen hat.

2 Wer sitzt wo? Beschrifte die Tischkarten.

Zu Leons Geburtstag sind Oma und Opa eingeladen.
Sie sitzen beim Geburtstagskaffee zusammen:
Das Geburtstagskind sitzt links von seiner Mutter.
Der Platz rechts von ihr ist frei. Ihm gegenüber sitzen
seine Großeltern. Links von ihm ist seine Schwester Lina.
Mit seiner Oma versteht er sich besonders gut.
Deshalb freut er sich, dass sie ihm direkt gegenüber sitzt.

Genau lesen

3 Lies den Text aus Aufgabe **2** im Tandem.

1. Welches Wort passt? Streiche das andere Wort durch.

Genau lesen

Anna geht | mir | mit | Opas Hund Gassi. Denn Opa kann nicht mehr gut laufen. Heute macht Bello nur Dummheiten. Er will bei Rot über die Ampel und | singt | springt | einen Radfahrer an. Am Stadtsee bleibt er neben einer Bank sitzen und will | nicht | nichts | mehr weiter. Anna bleibt schließlich nichts anderes übrig, als zu | wandern | warten |. Können Hunde auch schlechte | Laune | Leine | haben?

2. Welche Person passt zu welcher Situation? Verbinde.

Aykan hätte auch gerne einen neuen Bausatz gehabt. Traurig denkt er: „Immer bekommen die anderen etwas, aber ich nicht."

Text und Bild vergleichen

Felix hat den Ball nicht ins Tor gebracht. „Warum hast du ihn nicht einfach reingeschossen?", faucht ihn Kayra wütend an.

Endlich sieht Simon seine Mutter wieder. Sie war so lange auf Geschäftsreise. Strahlend ruft er: „Mama, endlich! Du bist wieder da!"

3. Lies die Texte in Aufgabe 2. Trage so vor, dass man hört, wie sich die Jungen fühlen.

Sinnvoll betonen

4. Lest euch gegenseitig die Texte aus Aufgabe 2 vor. Verteile einen Smiley: Mein Partnerkind hat so gelesen, dass man hört, wie sich die Jungen fühlen.

☐  ☐ ☐  ☐

S. 62

1 Ordne den Texten die Bilder zu.

Text und Bild vergleichen

Filippa sitzt auf ihrer apfelgrünen Büchertasche, während sie auf den Schulbus wartet, der Richtung Waldbad fährt. Mit ihren roten Schuhen klopft sie den Rhythmus des Geburtstagsliedes gegen die Büchertasche. •

Filippa sitzt auf ihrer Büchertasche, während sie auf den Schulbus wartet. Mit ihren blauen Schuhen klopft sie den Rhythmus des Geburtstagsliedes auf den Boden, während sie genüsslich in einen grünen Apfel beißt. •

Filippa steht suchend an der Bushaltestelle, neben ihr steht ihre grüne Büchertasche. Sie trippelt mit ihren blauen Schuhen, denn sie wartet schon eine ganze Weile auf den Schulbus. Unruhig sieht sie im Handy nach, ob es eine Nachricht gibt. •

2 Lies die Sätze. Markiere die Wortgrenzen. Schreibe die Sätze ab.

Masa|undOmersindendlichinDeutschlandangekommen. Abersiesindallein. IhreElternmusstenin Syrienbleiben. DiebeidenreiseneinStückdesWeges miteineranderenFamilie. JetztstehenMasaundOmeramMünchnerBahnhof undwerdenvomRotenKreuzversorgt. BaldwerdensieineineFamiliegebracht. SievermissenihreEltern, sindaberglücklich, inDeutschlandangekommenzusein.

S. 59

3 Lies den Text in deinem Heft im Tandem. Unterstreiche schwierige Stellen.

4 Stell dir vor, Masa und Omer kommen in deine Klasse. Wie könnt ihr ihnen helfen, sich zurechtzufinden?

Das kann ich jetzt

Diese Wörter habe ich dazugelernt. Ich kann sie jetzt leichter lesen:

_____

_____

Diesen Text aus diesem Kapitel kann ich besonders gut lesen:

Seite: ____   Aufgabe: ____

Kreuze an, welche Methoden und Strategien dir helfen, einen Text zu verstehen:

☐ Ich übe im Lesetandem.

☐ Ich messe das Lesetempo mit einer Uhr.

☐ Ich zeichne Wortgrenzen ein.

☐ Ich vergleiche Text und Bild.

☐ Ich lese leiser, lauter, langsamer oder schneller, um zu betonen.

☐ Ich unterstreiche besondere Stellen.

Lies die Aussagen und schätze dich ein:

- Ich kann Wortgrenzen erkennen. 😀 🙂 😐 ☹
- Ich kann richtige Bilder für einen Satz finden. 😀 🙂 😐 ☹
- Ich kann richtige Wörter für einen Satz finden. 😀 🙂 😐 ☹
- Ich kann Sätze ordnen. 😀 🙂 😐 ☹
- Ich kann betont lesen. 😀 🙂 😐 ☹
- Ich kann aufmerksam zuhören. 😀 🙂 😐 ☹

Medienspaß und Technikwunder

Lesestrategien kennenlernen

1 Verbinde Bild und Begriff.

Pfeil

Scheibe

Bogen

Über Begriffe nachdenken

2 Lies den ersten Teil der Geschichte bis Zeile 16.

Nasreddin und der Bogenschütze, Teil 1

1 Im Dorf, in dem Nasreddin lebte, gab es einen Mann, der als Bogenschütze berühmt war. Er gab Unterricht im Bogenschießen und nahm dafür Geld.

Als Nasreddin das mitbekam, verkündete er:
5 „Wer bei mir Unterricht im Bogenschießen nimmt, zahlt nur die Hälfte. Und ich garantiere, dass sein Pfeil immer in der Mitte der Zielscheibe stecken wird!"

Das ärgerte den berühmten Bogenschützen.
Er ging zu Nasreddin und sagte: „Dass der Pfeil immer in
10 die Mitte der Zielscheibe trifft, ist unmöglich. Selbst bei mir, dem berühmtesten aller Bogenschützen, gehen nicht alle Pfeile genau in die Mitte, sondern manchmal ein klein wenig daneben. Wie willst du einen Anfänger dazu bringen, so gut zu schießen? Zeig mir doch ein Beispiel deiner Schießkunst!"

15 „Nichts leichter als das", sagte Nasreddin, nahm den Bogen, legte einen Pfeil auf und schoss ihn in eine Holzwand.

3 Wie könnte die Geschichte weitergehen? Schreibe es auf.

1 Lies nun **Nasreddin und der Bogenschütze, Teil 2**.

„Aber da ist doch gar keine Zielscheibe!",
rief der berühmte Bogenschütze. „Noch nicht!", antwortete Nasreddin,
nahm einen Pinsel und Farbe und malte um den Pfeil herum
20 eine Zielscheibe. Jetzt steckte der Pfeil genau in der Mitte.
„Habe ich etwa behauptet, dass die Zielscheibe
vor dem Schuss da sein muss?", fragte Nasreddin.
„Ich habe nur gesagt, dass der Pfeil bei mir immer
in der Mitte der Zielscheibe steckt. Und das tut er."

Nacherzählt von Paul Maar

2 Lies die Aussagen und kreuze an oder ergänze deine Gedanken.
Ich kann die Wut des Lehrers verstehen, denn Nasreddin

☐ schummelt.

☐ malt die Ringe erst auf, als der Pfeil feststeckt.

☐ nutzt einen Trick.

☐ malt die Ringe auf, bevor er den Pfeil abschießt.

Ich kann die Wut des Lehrers nicht verstehen, denn

_____

3 Welche Aussagen treffen auf Nasreddin zu?
Kreuze an.

☐ Nasreddin ist ein ehrlicher Mensch.

☐ Nasreddin ist ein witziger Mensch.

☐ Nasreddin schummelt.

☐ Nasreddin hat pfiffige Ideen.

4 Vergleicht das Ende
der Geschichte mit euren Texten.

1 Was kannst du abends auf einem Bahnhof sehen und hören? Kreuze an.

Sich Gedanken zu Überschriften machen

- [ ] Lichter von Zügen
- [ ] Menschen, die aussteigen
- [ ] Menschen, die auf Züge warten
- [ ] quietschende Bremsen
- [ ] Züge, die ein- und abfahren
- [ ] den Mond
- [ ] Drachen
- [ ] Sterne
- [ ] Gespenster
- [ ] Lautsprecherdurchsagen

2 Lies das Gedicht.

Abends auf dem Bahnhof

1 Abends die bunten Lichter zu sehn,
das find ich schön.
Steh auf dem Bahnsteig lange und schau,
wie sie dort schimmern, grün, rot und blau
5 gleich Kugeln am herrlichen Tannenbaum,
fast wie im Traum.

Leuchtender Zug ins dunkelnde Land,
silbriges Band!
Einer kommt ratternd, fauchend daher.
10 Lokomotive, ist es so schwer?
Was hast du wohl heut' auf der Fahrt gesehn?
Gleich bleibt sie stehn.

Weil der Signalarm rot nach ihr greift,
zischt sie und pfeift.
15 Jetzt wird das Licht am Mast wieder grün,
wie ihr vor Dampf die Augen glühn!
Und heim durch den funkelnden Lampenwald
fährt sie nun bald.

Franz Joachim Behnisch

1 Vergleiche deine Eindrücke vom Bahnhof
mit denen im Gedicht. Kreuze an.
Du kannst auch selbst einen Satz ergänzen.

S. 64

Eindrücke vergleichen

- [ ] Ich habe Menschen gesehen, die kommen und gehen.
- [ ] Ich habe den Lärm der Eisenbahnmotoren gehört.
- [ ] Ich habe viele Lichter gesehen.
- [ ] Mein Zug hat wie eine Schlange gewirkt.
- [ ] Mein Zug hat nicht gefaucht.
- [ ] _____

2 Das Gedicht schrieb Franz Joachim Behnisch nach 1948.
Finde heraus, wie der Zug damals aussah. Male.

3 Was passiert in dem Gedicht **Abends auf dem Bahnhof**?
Nummeriere in der richtigen Reihenfolge.

S. 61

Ordnen

1	Es leuchten viele bunte Lichter.
	Ein Zug fährt ein.
	Ein Zug rattert und faucht, weil er bremst.
	Ein Zug fährt ab.
	Das Signal wechselt von Rot auf Grün.

Über Lesefähigkeiten verfügen: Recherchestrategien nutzen
Texte erschließen: nach dem Lesen vergleichen, sich in Raum und Zeit hineinversetzen,
eine Abfolge veranschaulichen

Lesebuch
S. 76–89

S. 58

1 Einige Wörter aus dem Gedicht von Seite 30 kennst du aus einem anderen Zusammenhang. Ergänze die Sätze. Sprecht darüber.

Schwierige Wörter klären

| fauchen | schimmern | Augen glühen | silbriges Band | greifen |

Durch das Fenster _____ ein wenig Licht.

Es ist nur leicht zu sehen.

Um das Geschenk ist ein _____

gewickelt. Das sieht festlich aus.

Der Drache _____ , als sich ihm der Prinz nähert.

Seine _____ , so rot werden sie.

Als er den Flügel hebt, hat der Prinz den Eindruck,

dass er nach ihm _____ .

2 Warum passen die Wörter von Aufgabe **1** gut in das Gedicht? Sprecht darüber. Kreuze danach passende Aussagen an.

☐ Sie zeigen, dass die Lokomotive wie ein wildes Tier wirkt.

☐ Sie zeigen, wie geheimnisvoll die Situation ist.

☐ Sie zeigen, wie still es am Bahnhof ist.

☐ Sie zeigen, wie hässlich der Zug wirkt.

3 Die Lokomotive erinnert an ein Tier. Kreuze an und unterstreiche im Gedicht auf Seite 30 Wörter, die dich an dieses Tier erinnern.

☐    ☐    ☐

Das kann ich jetzt

Diese Wörter habe ich dazugelernt. Ich kann sie jetzt leichter lesen:

Von diesen Wörtern kann ich die Bedeutung erklären:

Kreuze an, welche Methoden und Strategien dir helfen, einen Text zu verstehen:

- [ ] Ich vergleiche meine Gedanken mit dem Text.
- [ ] Ich male und schreibe Informationen auf.
- [ ] Ich lese im Text nach, wenn ich Fragen habe.
- [ ] Ich denke über Wörter und Bilder nach, bevor ich lese.
- [ ] Ich stelle Fragen zum Text und zum Thema.
- [ ] Ich spreche mit einem Partnerkind über den Text.

Lies die Aussagen und schätze dich ein:

- Ich kann Ideen finden und vergleichen. 😃 🙂 😐 ☹️
- Ich kann den Inhalt sortieren. 😃 🙂 😐 ☹️
- Ich kann mich in Figuren hineinversetzen. 😃 🙂 😐 ☹️
- Ich kann genau lesen. 😃 🙂 😐 ☹️
- Ich kann mir Wörter aus dem Zusammenhang erklären. 😃 🙂 😐 ☹️

Abenteuerlust und Heldentat

Lesen und verstehen

Sich Gedanken machen

1 Was weißt du über das Märchen **Aschenputtel**? Schreibe einige Stichwörter auf.

_____

_____

S. 61

2 Lies den Comic zum Märchen **Aschenputtel**. Sprecht darüber und informiert euch.

Aschenputtel

1 — Die Guten ins Töpfchen, die Schlechten ins Kröpfchen.

2

3 — Bäumchen, rüttel dich und schüttel dich, wirf Gold und Silber über mich!

4 — Wer bist du, schönes Mädchen?

5 — Das Mädchen, dem der Schuh passt, wird meine Frau.

6 — Rucke di guh, rucke di guh, Blut ist im Schuh. Der Schuh ist zu klein, die rechte Braut sitzt noch daheim.

7 — Rucke di guh, rucke di guh, kein Blut im Schuh. Der Schuh ist nicht zu klein, die rechte Braut, die führt er heim.

1 Im Comic **Aschenputtel** gibt es Stellen, zu denen noch Informationen fehlen. Kreuze an.
Du kannst auch eine eigene Frage ergänzen.

Nachdenken

S. 64

- ☐ Warum klebt der Schuh auf der Treppe fest?
- ☐ Warum erhält Aschenputtel am Haselstrauch das Ballkleid?
- ☐ Warum flieht Aschenputtel beim Ball aus dem Schloss?
- ☐ Wieso erkennt der Prinz Aschenputtel am Schuh?
- ☐ _____

2 Kreuze an, welche Lesestrategie dir geholfen hat, Aufgabe **1** zu lösen.

S. 61

- ☐ Ich suche Worterklärungen.
- ☐ Ich informiere mich.
- ☐ Ich unterstreiche wichtige Wörter.
- ☐ Ich fülle mit meinen Gedanken Lücken.

3 Was könnte Aschenputtel im Bild 5 des Comics denken? Unterstreiche und begründe.

S. 62

„Was sagt die Stiefmutter, wenn sie hört, dass mich der Prinz liebt?"

„Ich weiß nicht, ob ich dem Prinzen trauen kann."

„Endlich kann ich es meinen Stiefschwestern zeigen!"

„Wie kann ein armes Mädchen Prinzessin werden?"

„Jemand mag mich!"

Sich in eine Figur hineinversetzen

4 Erzähle das Märchen zusammen mit einem Partnerkind.

5 Was wäre passiert, wenn der Prinz Aschenputtel am Ende nicht gefunden hätte?

Über Texte sprechen

S. 64

S. 60 **1** Lies die Überschrift der Geschichte in ❸.
Schreibe deine Ideen auf.

Ideen sammeln

ein Junge allein bei den Großeltern   Nusrets beste Freundin

Nusret   Kuh

S. 60 **2** Erfinde eine Geschichte zu deinen Ideen.
Schreibe sie in dein Heft.

Eine Geschichte ausdenken

3 Lies die Geschichte.

Nusret und die Kuh

1 „Manchmal kommt der Briefträger ins Dorf hinauf
und bringt einen Brief von meinen Eltern.
Omi, Opi und ich, Nusret, wir können nicht lesen.
Omi brüht für den Briefträger einen Kaffee,
5 Opi lässt ihn Platz nehmen auf der alten Bank
vor dem Haus mit Blick ins Tal, vor ihnen die Blumenwiese,
auf der unsere Kuh grast. Mir gibt der Briefträger den Brief,
Opi reicht mir sein Messer, und ich schneide den Brief auf,
ziehe das Papier aus dem Umschlag und falte es auseinander.
10 Alles voll mit blauen Zeichen, die ich nicht verstehe.
Den Brief muss ich so lange halten, bis Omi den Kaffee
gebracht und der Briefträger ihn ausgetrunken
und die Neuigkeiten aus dem Tal erzählt hat. Dann liest er vor.
„Liebe Eltern, uns geht es sehr gut, seit zwei Wochen
15 geht jetzt auch Lirije in die Schule. Sie kann schon
das Alphabet aufsagen. Liridon ist auch sehr gut
in der Schule. Wir sind stolz auf die Kinder.
Und was macht unser kleiner Schatz?" Das bin ich, Nusret.

Über Lesefähigkeiten verfügen: Vorwissen benennen, geeignete Texte richtig lesen

Lesebuch
S. 94–107

„Hoffentlich geht es ihm gut. Wir haben jetzt beide wieder Arbeit,
20 wollt Ihr nicht doch daran denken, zu uns zu ziehen?
Dann können wir jeden Tag zusammen sein und Ihr seid
nicht so allein. Bald sollen wir auch Nusret zu uns nehmen,
denn er muss auch zur Schule gehen."

Ich, Nusret, höre gar nicht mehr richtig hin, weil ich mich
25 umschaue und denke: Aber Omi und Opi und die Hühner
und die Gänse und der Hund und der Berg und die Kuh,
meine Kuh, sie alle würde ich nie wiedersehen oder nur noch
einmal im Jahr, wenn die Eltern mich nach Deutschland holen.
Als der Briefträger weg ist, hätte ich, Nusret, gern gewusst,
30 was noch in dem Brief steht, aber Omi will nichts sagen,
und Opi ist in den Wald gegangen, um Holz für den Winter
zu schlagen. Und ich kann den Brief nicht lesen.

Schon lange will ich lesen und schreiben lernen.
Da denke ich: „Ja, ich gehe nach Deutschland und lerne
35 lesen und schreiben, und die Kuh nehme ich mit,
damit ich wenigstens etwas von zu Hause bei mir habe."

Anja Tuckermann (gekürzt)

1 Vergleiche deine Geschichte mit der abgedruckten.
Kreuze an. Du kannst selbst noch etwas ergänzen,
was in deiner Geschichte vorkommt.

In meiner Geschichte

☐ lebt die Kuh auf der Alm.

☐ kommt Nusret aus der Stadt auf die Alm.

☐ erlebt Nusret ein schönes Abenteuer mit der Kuh.

☐ geht eine Kuh eines Tages in die Stadt.

☐ _____

☐ _____

Texte vergleichen

S. 61

1 Was macht Nusret traurig?
Unterstreiche im Text auf Seite 36/37.

Wichtiges unterstreichen

2 Warum möchte Nusret anfangs auf der Alm bleiben?
Sprecht darüber. △

3 Nusret soll zu seinen Eltern nach Deutschland kommen.
Was möchte Nusret? Kreuze an.

Er möchte

☐ bei seinen Großeltern auf der Alm bleiben.

☐ sich von seinen Großeltern und seiner Kuh
verabschieden und nach Deutschland gehen.

☐ sich von seinen Großeltern verabschieden
und seine Kuh mit nach Deutschland nehmen.

4 Begründe deine Wahl in ❸.
Suche im Text die Zeile, in der das steht: Zeile _____

Nusret möchte _____

_____

_____

S. 61, 62

5 Kreuze an, welche Lesestrategien dir geholfen haben,
um Aufgabe ❸ zu lösen.

☐ Ich suche Worterklärungen.   ☐ Ich versetze mich in Figuren.

☐ Ich unterstreiche   ☐ Ich fülle mit meinen Gedanken
   wichtige Wörter.   Lücken.

S. 64

6 Überlegt, wie die Geschichte
zu Ende gehen könnte.
Begründet eure Meinung. △

Über Texte sprechen

38 | Über Lesefähigkeiten verfügen: sich in eine Figur hineinversetzen, am Text belegen
Texte erschließen: Lesestrategien auswählen, eine Lesekonferenz durchführen | Lesebuch S. 94–107

Das kann ich jetzt

Diese Wörter habe ich dazugelernt. Ich kann sie jetzt leichter lesen:

Kreuze an, welche Methoden und Strategien dir helfen, einen Text zu verstehen:

- ☐ Ich suche Worterklärungen.
- ☐ Ich unterstreiche wichtige Wörter.
- ☐ Ich ordne Gedanken.
- ☐ Ich versetze mich in Figuren.
- ☐ Ich fülle mit meinen Gedanken Lücken.
- ☐ Ich betone sinnvoll.

Lies die Aussagen und schätze dich ein:

- Ich kann Ideen finden und vergleichen. 😀 🙂 😐 ☹
- Ich kann den Inhalt sortieren. 😀 🙂 😐 ☹
- Ich kann mich in Figuren hineinversetzen. 😀 🙂 😐 ☹
- Ich kann genau lesen. 😀 🙂 😐 ☹
- Ich kann mir Wörter aus dem Zusammenhang erklären. 😀 🙂 😐 ☹

Welche Fragen hast du zu deinen Lieblingstexten?

Dickhäuter und Plagegeister

Lesen üben

1 Ordne die Bilder den Texten zu.
Die Buchstaben ergeben ein Lösungswort.
Trage es ein.

Sätze und Bilder vergleichen

Fridas Insektenhotel ist dreieckig.
Es hat ein rotes Dach,
drei Stockwerke und fünf
verschiedene Wohnräume.   **e** •   • 1

Hülyas Insektenhotel hat zwei
Stockwerke und ein gebogenes
blaues Dach. Im Hotel befinden   **n** •   • 2
sich vier Wohnräume.

Roberts Insektenhotel ist
sechseckig.
Es hat kein Dach und   **ie** •   • 3
sechs dreieckige Wohnräume.

Lösungswort: | B | | | |
                 1 2 3

S. 58 **2** Lies den Text und markiere die Wortgrenzen.
Schreibe den Text in dein Heft.

Genau lesen

Hättestdugedacht, dasssichMenschenElefantenalsHaustiere
halten? DasgabeszumBeispielvor2000JahrenbeieinemRömer
namensPlinius. Eswirderzählt, dassseineElefantenvorsichtig
zwischenseinenGästenhindurchgegangensind, währenddie
Gästebeieinanderstanden. Niemandwurdegetretenoderverletzt
undnichtszerbrach.

S. 59 **3** Lies den Text in deinem Heft im Tandem.

1 Finde das Wort im Wort. Verbinde.

Genau lesen

Giraffe

Schotter

Kamillentee

Fliege

Kelch

2 Acht Wörter gehören nicht in den Text. Streiche sie durch.

1 Die Schnecke Lina lebt schon lange ~~Straße~~ im großen Garten des Gutshofes. Hier gibt es grünen im Sommer so viele Salatbeete, dass man sich an dem Salat gar nicht setzen sattsehen kann. Ein grüner, saftiger Salatkopf
5 reiht sich langweilig an den anderen. Am leckersten schmecken Sonne Lina die Salate im Mondenschein. Dann hat Lina leider den Garten fast für sich. Tagsüber Zaun versteckt sie sich in den Hecken. Denn man muss auf der Hut sein vor Schmutz den Menschen.

3 Unterstreiche Wörter, die du beim Vorlesen besonders betonen willst.

S. 61

4 Lest euch gegenseitig den Text vor. Welche Wörter hat dein Partnerkind betont? Schreibe sie auf.

Rückmeldung zum Lesen geben

Über Lesefähigkeiten verfügen: Informationen entnehmen und verknüpfen, sinnerfassend lesen
Über Lesefertigkeiten verfügen: Texte genau und flüssig lesen, Rückmeldungen zum Lesen geben

Lesebuch
S. 112–125

1 Setze passende Endungen ein.

Viel____ Kinder wünsch____ sich ein Himmelbett.

Das ist ein Bett mit ein____ Dach aus Stoff.

Denn sie möcht____ gerne so schlafen,

wie man früher im Schloss geschlafen ha____.

Weißt du, warum man solch____ Himmelbetten gebau____ hat?

Daran war____ kleine Plagegeist____ wie Mück____ und Flöh____ Schuld.

Mit Hilfe des Daches über dem Bett und der Vorhänge versucht____

man, die Plagegeister abzuhalten. Denn die Schlafenden sollt____

nicht gestört werden. Aber das gelang nicht imm____.

> Genau lesen

2 Wer wird König der Tiere? Ordne richtig.

1 Die Tiere halten Konferenz. Sie möchten ihren neuen König wählen.
Vorgeschlagen sind der Löwe als der Mächtigste unter den Tieren,
die Biene als wichtiges Insekt, die Schlange als listiges Tier
und die Taube. Denn die Taube hat Noah einst den Ölzweig
5 gebracht. Sie zeigte den Menschen, dass die Flut zu Ende ist.
Am wenigsten Stimmen erhält das listigste Tier.
Die Taube erhält doppelt so viele Stimmen wie die Schlange.
Das kleinste Tier erhält viermal so viele Stimmen
wie der Löwe. Denn es sorgt für Nahrung und Leben.
10 Das größte der Tiere aber erhält nur halb
so viele Stimmen mehr als die Schlange.
Wer wird König der Tiere?

Sortiere der Reihe nach:

1. _____ 2. _____

3. _____ 4. _____

S. 59 **3** Lies den Text von Aufgabe **2** im Tandem.
Messt dabei euer Lesetempo.

1 Verbinde die Sätze
mit den richtigen Bildern.

Bild und Text vergleichen

- Die Mücke stört die Hexe
  in der Nacht beim Schlafen.

- Zuerst setzt sie sich
  auf deren grüne Nasenspitze.

- Dann piekst sie die Hexe
  auf den rechten Handrücken.

- Als die Hexe um sich schlägt,
  setzt sich die pfiffige Mücke
  auf den Lampenschirm.

- Kurze Zeit später sticht sie
  die Hexe ins rechte Knie.

- Jetzt schlägt die Hexe zu
  und trifft.

2 Wie gehen die Sätze weiter?
Verbinde.

Elefanten sind große Tiere • • keine Pflanzen am Boden.

Deshalb denken
viele Menschen, • • weil Elefanten unter ihren
Füßen eine Art Kissen tragen.

Doch das geschieht nicht, • • mit enormem Gewicht.

Das Kissen federt • • dass die Dickhäuter
den Boden zertrampeln.

Deshalb zertrampelt
ein Elefant • • Gewicht ab. Ein Elefant
wirkt leichter, als er ist.

3 Übe den Text von Aufgabe **2** so zu lesen,
dass man Wichtiges heraushört.

1 Ordne den Sätzen die Bilder zu.

Bild und Text vergleichen

Wovon ernähren sich Stechmücken?

Stechmücken ernähren sich
vom Nektar der Blüten.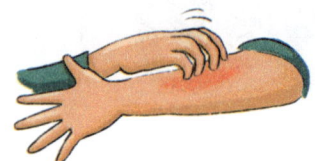

Weibliche Stechmücken stechen
Menschen, wenn sie Eier ausbilden.
Denn dazu brauchen sie Blut.
Dabei müssen sie darauf achten,
dass das Blut flüssig bleibt.

Deshalb spritzen sie einen Stoff,
der das Blut verdünnt.
Dieser Stoff erzeugt das Jucken.

S. 58

2 Lies die Sätze.
Markiere die Wortgrenzen.
Schreibe die Sätze in dein Heft.

Wusstestdu, dassSchneckenmitihrenAugen
nichtbesondersweitsehenkönnen?
DieAugenbefindensichamEndederFühler.
Dusiehstsiealsschwarze Punkte.
WenndudicheinerSchneckenäherst,
sozucktsieerstspätzusammen.
Dennsiekannnurwenige Zentimeterweitsehen.
DeshalbbemerktsieGefahrenerstspät.
Wiegut, dasswirgutsehenkönnen.

S. 59

3 Lies den Text von Aufgabe **2**
im Heft im Tandem.

4 Überprüft gegenseitig das Lesetempo.

Das kann ich jetzt

Diese Wörter habe ich dazugelernt. Ich kann sie jetzt leichter lesen:

Diesen Text aus diesem Kapitel kann ich besonders gut lesen:

Seite: _____   Aufgabe: _____

Lies die Aussagen und schätze dich ein:

- Ich kann Wortgrenzen erkennen. 😊 🙂 😐 🙁
- Ich kann die richtigen Bilder für einen Satz finden. 😊 🙂 😐 🙁
- Ich kann Wörter richtig ergänzen. 😊 🙂 😐 🙁
- Ich kann Sätze ordnen. 😊 🙂 😐 🙁
- Ich kann betont lesen. 😊 🙂 😐 🙁
- Ich kann Rückmeldungen zum Lesen geben. 😊 🙂 😐 🙁
- Ich kann mit einer Stoppuhr die Lesezeit messen. 😊 🙂 😐 🙁

Welche Texte gefallen dir besonders? Erkläre.

Welche Fragen hast du zu deinen Lieblingstexten?

45

Tagträume und Zeitreisen

Lesestrategien kennenlernen

S. 62

1 Welche Texte lesen die Kinder gerne? Trage ihre Namen in die Tabelle ein.

Informationen ordnen

Clara: Ich lese gerne Texte, in denen die Lebensweise von Tieren beschrieben wird.

Kamil: Ich lese gerne Texte, in denen Detektive einen Fall lösen.

Juna: Ich lese gerne Geschichten, die in Burgen spielen.

Sinan: Ich lese gerne etwas über Vulkane.

Paula: Ich mag Geschichten von Fantasiewesen.

Milo: Ich lese gerne Märchen aus anderen Ländern.

Max: Mich interessieren Bücher über Planeten und Sterne.

Leni: Ich lese gerne Texte, in denen Forscher von ihrer Arbeit berichten.

Texte, die informieren				
Texte, die Geschichten erzählen	Juna			

Über Lesefähigkeiten verfügen: Sätze sinnerschließend lesen
Texte erschließen: Verständnis von Sach- und Gebrauchstexten (Tabellen) zeigen

Lesebuch S. 130–143

1 Lies den Text.

Warum lesen Kinder?

1 Hast du dich schon einmal gefragt,
warum du überhaupt liest?
Diese Frage hat man vielen Mädchen und Jungen
in ganz Deutschland gestellt. Dabei hat sich gezeigt,
5 dass Jungen oft weniger lesen als Mädchen. Das gilt
nicht für jeden Jungen. Aber wenn man das Lesen
vieler Kinder vergleicht, kann man das feststellen.
Warum aber lesen Mädchen und Jungen überhaupt?
60 %* der Mädchen geben an, dass sie lesen,
10 wenn sie Langeweile haben. Bei den Jungen beträgt
der Prozentsatz 46 %.
„Weil es Spaß macht", sagen 59 % der Mädchen
und 42 % der Jungen.
56 % der Mädchen möchten beim Lesen entspannen,
15 aber nur 38 % der Jungen.
41 % der Mädchen lesen, um sich zu informieren.
Die Jungen kommen dabei auf einen Prozentsatz von 38 %.
Hier liegen die Leseinteressen von Jungen und Mädchen
nah beieinander.
20 Während 44 % der Mädchen beim Lesen gerne in eine
andere Welt eintauchen, motiviert das nur 30 % der Jungen.
Lieber als Fantasiewelten haben die Jungen Sachthemen,
bei denen sie Neues erfahren. Geht es dir auch so?

* 60 % heißt 60 Prozent, und das bedeutet: 60 von 100 Personen

2 Kinder lesen aus
unterschiedlichen Gründen.
Unterstreiche in Aufgabe **1**:
- Gründe blau
- Prozentzahlen der Mädchen grün
- Prozentzahlen der Jungen braun

> Wichtiges unterstreichen und Informationen zuordnen

① Warum lesen Kinder gerne? Kreuze an.

Kinder lesen, um

☐ Spaß zu haben.

☐ sich nicht zu langweilen.

☐ in eine andere Welt einzutauchen.

☐ sich zu informieren.

☐ mit anderen zu feiern.

☐ sich zu entspannen.

S. 63 ② Ergänze das Balkendiagramm. Nutze dazu die Informationen aus dem Text auf Seite 47.

Diagramm genau ansehen

Warum Mädchen und Jungen lesen

Gründe für das Lesen

in andere Welt eintauchen

sich informieren

Menge der Mädchen und Jungen in %

1 Warum lesen die Kinder in deiner Klasse besonders gerne? Befragt einige Kinder. Erstellt dazu eine Tabelle.

Tabelle genau ansehen

S. 63

Warum die Kinder lesen	Namen der Kinder	gesamt
um in Fantasiewelten einzutauchen		
aus Langeweile		
um Neues zu erfahren		
aus Spaß		

2 Erstelle zu den Ergebnissen aus Aufgabe **1** ein Balkendiagramm.

Warum die Kinder deiner Klasse lesen

Gründe für das Lesen

in Fantasiewelten eintauchen

1   5   10   15   20   25
Anzahl der Kinder

Über Lesefähigkeiten verfügen: Verständnis von Sach- und Gebrauchstexten (Tabellen und Diagrammen) zeigen

Lesebuch S. 130–143

1 Paul fragte Kinder, welches der drei ausgewählten Hörbücher sie am liebsten hören. Lies die Tabelle.

Die drei ??? A	Die Olchis B	Ostwind C
Lea, Sabrina, Leo, Max, Nils, Timo, Aykan, Emre, Simena	Hassan, Carina, Fine, Milo, Leon, Felicitas, Hengameh	Anna, Miriam, Mia, Katinka, Juna, Nurja, Mariam, Clara

S. 63

2 Werte Pauls Umfrageergebnisse aus Aufgabe **1** aus. Erstelle ein Säulendiagramm.

So beliebt sind die Hörbücher

Anzahl der Kinder

3 Trage A, B oder C ein. Nutze die Informationen aus **1** und **2**.

Welches Hörbuch

- ist bei den Kindern am beliebtesten?
- nimmt den dritten Platz ein?
- ist bei den Mädchen besonders beliebt?
- ist bei den Jungen besonders beliebt?

4 Führt in eurer Klasse eine Befragung zu Hörbüchern durch. Wertet sie aus.

Das kann ich jetzt

Diese Wörter habe ich dazugelernt. Ich kann sie jetzt leichter lesen:

Von diesen Wörtern kann ich die Bedeutung erklären:

Kreuze an, welche Methoden und Strategien dir helfen, einen Text zu verstehen:

- [ ] Ich lese in einer Tabelle die Überschriften der Spalten und Zeilen.
- [ ] Ich vergleiche Informationen im Text mit denen in einer Tabelle.
- [ ] Ich schreibe einzelne Informationen in eine Tabelle.
- [ ] Ich lese im Diagramm die Begriffe unter den Säulen oder Balken.
- [ ] Ich vergleiche die Säulen oder Balken eines Diagramms miteinander.
- [ ] Ich lese im Text nach, wenn ich Fragen habe.

Welche Texte gefallen dir besonders? Erkläre.

Welche Fragen hast du zu deinen Lieblingstexten?

51

Schneemänner und Sandburgen

Lesen und verstehen

1 Warum feierst du gerne ein Fest? Schreibe auf.

_____

_____

_____

_____

_____

2 Lies den Text und das Kreisdiagramm.

Hassan hat seine 25 Mitschülerinnen und Mitschüler gefragt, warum sie gerne feiern. Jedes Kind sollte zwei Gründe nennen.

Darum feiern die Kinder der Klasse 3d gerne

- Freunde treffen
- gutes Essen
- Erfolge feiern
- Zeit zum Spielen
- Spaß haben
- andere Menschen kennenlernen

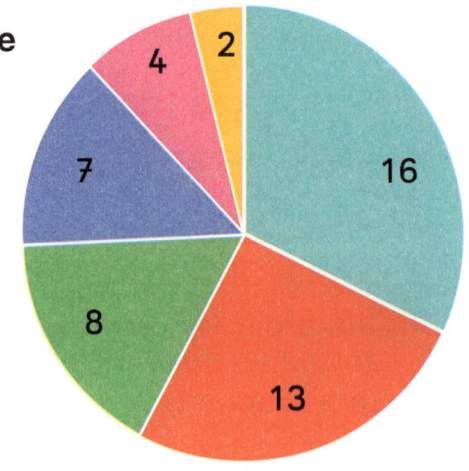

S. 62 **3** Lies den Text und ergänze ihn mit Zahlen aus dem Kreisdiagramm.

> Genau lesen

Spaß haben wollen ____ Kinder der Klasse.

Dass man auf einem Fest Erfolge feiert, finden ____ Kinder.

Andere Menschen kennenzulernen ist ____ Kindern wichtig.

Für ____ Kinder ist es wichtig, dass es gutes Essen gibt.

Freunde zu treffen, darauf freuen sich ____ Kinder.

____ Kinder wollen Zeit zum Spielen haben.

1 Warum feiern Menschen Feste?
Lies die Aussagen der Kinder und Erwachsenen.

Auf einem Fest treffe ich viele Freunde. Das finde ich schön.

Herr Then

Eni

Auf dem Geburtstagsfest spielen wir den ganzen Nachmittag. Das macht Spaß.

Wenn wir uns in der Familie Weihnachten treffen, dann spüre ich, wie wir zusammengehören.

Frau Finke

Fin

Auf einem Fest treffe ich neue, interessante Menschen.

Wir feiern, weil unser Bruder eine schwierige Prüfung geschafft hat.

Benjamin

Nils

Auf einem Geburtstagsfest mache ich Dinge, die ich sonst nicht oft mache, zum Beispiel in den Freizeitpark gehen.

2 Welche Oberbegriffe passen zu welchen Aussagen aus Aufgabe **1**?
Ordne die Namen zu.

Gemeinschaft: _____   Neugier auf Neues: _____

Freunde treffen: _____   Erfolge feiern: _____

Neue Menschen treffen: _____   Zeit zum Spielen: _____

3 Welche Lesestrategien hast du benötigt, um die Namen zuzuordnen?

S. 60–62

☐ Ich mache mir Gedanken zu einem wichtigen Begriff.

☐ Ich denke mir zu der Überschrift eine Geschichte aus.

☐ Ich spreche mit einem Partnerkind über den Text.

☐ Ich lese im Text nach, wenn ich Fragen habe.

S. 61 ① Welche Feste sind bei Kindern besonders beliebt? Führt eine Umfrage in eurer Klasse durch. Jedes Kind nennt zwei Feste, die es besonders gerne mag. △

Feste	So oft wurde das Fest genannt
Geburtstag	
Weihnachten	
Kommunion	
Silvester/Neujahr	
Jom Kippur	
Fastenbrechen	

Umfrage erstellen

② Weshalb sind diese Feste in eurer Klasse besonders beliebt? Fragt nach. Notiert zwei Gründe.

③ Informiert euch über die Feste aus Aufgabe ①, die ihr nicht kennt.

④ Wann und warum werden die in ③ genannten Feste gefeiert? Schreibe Stichwörter auf.

Über Lesefähigkeiten verfügen: Texten Informationen entnehmen und in eine Tabelle einordnen, Recherchestrategien nutzen

Lesebuch S. 148–171

1 Lies den Text und das Kreisdiagramm.

Einen Osterbrunnen schmücken

1 Osterbrunnen sind unterschiedlich geschmückt. Sie werden von vielen Helferinnen und Helfern um den Palmsonntag herum erstellt, um während der Osterzeit den Ort zu schmücken.
5 So macht man auf das kostbare Gut *Wasser* aufmerksam, das besonders zu Ostern mit dem Thema *Leben* verknüpft wird. Inzwischen ziehen die Osterbrunnen viele Touristinnen und Touristen an. – Timo schmückt in seinem Ort mit seiner Klasse
10 einen Osterbrunnen. Sie brauchen für drei Girlanden und den Kranz oben und unten 100 ausgeblasene Eier in vier Farben.

Osterbrunnen in Markt Bibart

Ostereier für den Osterbrunnen

- ■ Girlande 1
- ■ Girlande 2
- ■ Girlande 3
- ■ Kranz oben und unten

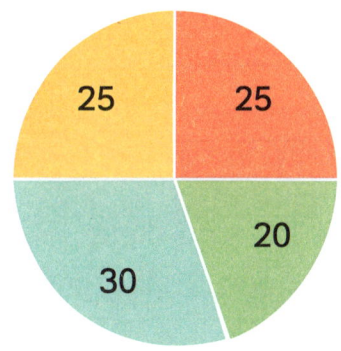

2 Informiere dich über Osterbrunnen.

3 Entnimm dem Kreisdiagramm, wie viele Eier in welchen Farben an den Osterbrunnen gehängt werden. Trage ein.

Teile des Kranzes	Anzahl der Eier	Farbe der Eier
Girlande 1		

1 Lies den Text.

Ein Geburtstagsfest planen

1 Jan feiert seinen zehnten Geburtstag in der fränkischen Schweiz. Die Feier soll mit Sport und Abenteuer zu tun haben. Sie findet am 24. Mai statt. Um 11:00 Uhr
5 sollen die Kinder bei ihm ankommen. Zum Stärken gibt es von 11:15 Uhr bis 12:00 Uhr eine Brotzeit mit fränkischen Bratwürsten. Um 12:30 Uhr startet die Führung durch die Teufelshöhle. Jan ist schon gespannt, was seine Freunde zu den Tropfsteinen sagen. Eine dreiviertel Stunde werden sie
10 benötigen, um die etwa 1500 Meter Weg in der Höhle abzulaufen. Weil es in der Höhle recht kühl ist, warten um 14:00 Uhr eine heiße Tasse Kakao und Krapfen auf die Kinder. Um 18:00 Uhr holen die Eltern ihre Kinder ab.

2 Erstelle in deinem Heft eine Tabelle zur Planung des Geburtstagsfestes. Baue sie so auf:

Uhrzeit	Ablauf
11:00	Ankunft bei Jan

3 Du kannst für die Planung auch einen Zeitstrahl erstellen. Verbinde dazu die Bilder mit den passenden Uhrzeiten.

4 Gestaltet eine Einladung für Jans Geburtstagsfest. Benutzt dazu den Zeitstrahl.

Das kann ich jetzt

Diese Wörter habe ich dazugelernt. Ich kann sie jetzt leichter lesen:

Von diesen Wörtern kann ich die Bedeutung erklären:

Kreuze an, welche Methoden und Strategien dir helfen, einen Text zu verstehen:

☐ Ich lese in einer Tabelle die Überschriften der Spalten und Zeilen.

☐ Ich vergleiche Informationen im Text mit denen in einer Tabelle.

☐ Ich lese in einem Diagramm, was die Säulen, Balken oder Tortenstücke bedeuten, und vergleiche sie miteinander.

☐ Ich erstelle eine Umfrage und entwickle ein Schaubild dazu.

☐ Ich lese im Text nach, wenn ich Fragen habe.

Lies die Aussagen und schätze dich ein:

- Ich kann Spalten und Zeilen unterscheiden. 😃 🙂 😐 ☹
- Ich kann Informationen in eine Tabelle eintragen. 😃 🙂 😐 ☹
- Ich kann Diagramme erstellen und lesen. 😃 🙂 😐 ☹
- Ich kann eine Umfrage erstellen. 😃 🙂 😐 ☹
- Ich kann genau lesen. 😃 🙂 😐 ☹

Methoden und Lesestrategien

Lesen üben

Ich zerlege Wörter in Silben.

Wenn ich ein längeres Wort lesen muss, zerlege ich es in Silben.

1. Zuerst setze ich Silbenbögen.
2. Dann lese ich jede Silbe für sich.
3. Danach lese ich alle Silben zusammen.

Ich suche bekannte Wortteile.

Wenn ich ein schwieriges Wort lesen muss, suche ich in dem Wort nach bekannten Teilen.

Das können sein:
- Zwielaute wie **ei**, **äu**, **au**:
  die F**ei**er, die M**äu**se, dr**au**ßen
- Endsilben wie **-el**, **-er**, **-eln**, **-ern**:
  die Amp**el**, die Fei**er**, schumm**eln**, rud**ern**
- Vorsilben wie **auf-**, **ab-**, **an-**, **ver-**, **vor-**, **zu-**:
  aufpassen, **ab**schreiben, **ver**wechseln, **vor**spielen
- Nachsilben wie **-ung**, **-heit**, **-nis**, **-keit** oder **-lich**, **-ig**:
  Behandl**ung**, Gesund**heit**, Zeug**nis**, Süßig**keit**,
  freund**lich**, wind**ig**

Ich suche schwierige Stellen in Wörtern.

Wenn ich ein schwieriges Wort lesen muss, suche ich schwierige Stellen und kreise sie ein.
Das können Stellen sein wie:
Kleid, **D**rachen, **bl**ind, **spr**ingen, **S**trophe, käm**pf**en, Wettlauf

Über Lesefertigkeiten verfügen

Lesen üben

Ich lese im Tandem mit einem Partnerkind.

Ein Lesetandem besteht aus einem Lesetrainer und einem Lesesportler. Der Lesetrainer verfolgt, was der Lesesportler liest.

1. Auf das gemeinsam gesprochene Startzeichen **Wir fangen an** beginnen beide halblaut zu lesen.
2. Macht der Lesesportler einen Fehler, hebt der Trainer die Hand.
3. Der Sportler hat nun Zeit, seinen Fehler zu verbessern.
4. Braucht er Hilfe, liest der Lesetrainer das Wort richtig vor.
5. Nach einem Lesefehler setzen beide neu am Satzanfang an und lesen gemeinsam weiter.
6. Wenn sich der Lesesportler sicher fühlt, kann er allein weiterlesen.

Ich erhöhe mein Lesetempo.

Wenn ich mein Lesetempo messe, lege ich zuvor eine Tabelle oder einen Zeitstrahl an, um dort meine Ergebnisse einzutragen.

Leseversuche	Anzahl der richtig gelesenen Wörter in 2 Minuten
1. Versuch	
2. Versuch	
3. Versuch	

0   20   40   60   80   100   120   Sekunden

- Ich lese schwierige Wörter und ganze Texte so oft, bis ich sie flüssig lesen kann.
- Ich messe mein Lesetempo, um zu überprüfen, ob ich einen Text flüssiger lesen kann. Um die Ergebnisse miteinander vergleichen zu können, trage ich sie grün, braun und blau ein.

Über Lesefertigkeiten verfügen

Lesebuch
S. 180

Welche Lesestrategien setze ich vor dem Lesen ein?

Ich mache mir Gedanken zur Überschrift.

- Oft enthält schon die Überschrift Hinweise, um was es geht.
- Ich überlege, was mir zur Überschrift einfällt. Ich male oder schreibe es auf, entwerfe ein Cluster zu meinen Ideen und tausche mich mit anderen über die Ideen aus. △

Ich mache mir Gedanken zu einem wichtigen Begriff.

- Was könnte im Text stehen? Darauf kann zum Beispiel ein wichtiger Begriff aus dem Text Antwort geben.
- Ich sehe mir den Begriff, der oft auch wiederholt wird, genau an und überlege, was mir dazu einfällt.
- Ich male oder schreibe meine Einfälle dazu auf.
- Ich tausche mich mit anderen aus der Klasse dazu aus. △

Ich stelle mir Fragen zu Begriffen oder zur Überschrift.

- Was möchte ich zum Thema wissen?
- Was möchte ich zu den Figuren oder Orten in der Geschichte wissen?
- Meine Fragen schreibe ich auf.

> Was ist ein **Bücherkamel**?

Ich denke mir zur Überschrift oder zu Begriffen eine Geschichte aus.

- Zu meiner Geschichte stelle ich mir folgende Fragen: Wie beginnt sie? Was passiert in ihr? Wie endet sie?
- Ich male und schreibe meine Ideen dazu auf.

Welche Lesestrategien setze ich beim Lesen ein?

Ich suche Worterklärungen.

Wenn ich Wörter nicht verstehe, kann ich:
- ein Partnerkind, andere aus der Klasse oder meine Lehrer und Lehrerinnen fragen.
- im Internet* auf Seiten für Kinder nachsehen.
- Worterklärungen, die beim oder im Text stehen, lesen.
- versuchen, das Wort aus dem Text heraus zu verstehen.

*www.fragFinn.de
www.seitenstark.de
www.blinde-kuh.de

Ich suche Informationen.

- Ich schlage in einem Lexikon nach oder ich suche im Internet* oder in anderen Medien.
- Über die Ergebnisse spreche ich mit anderen. △

Ich halte die digitalen Regeln zur Nutzung von Medien ein.

Ich unterstreiche wichtige Wörter.

Wenn ich einen Text lese, fallen mir Wörter auf, die erklärt werden und häufiger vorkommen. Das sind meist wichtige Wörter. Sie helfen mir, mich im Text zurechtzufinden. Sie sind wie Wegweiser, die auf andere Wörter verweisen. So erfahre ich, wie alles zusammenhängt.

Ich ordne Gedanken.

Nachdem ich einen Text gelesen habe, habe ich viele Eindrücke.
- Die Eindrücke male oder schreibe ich auf.
- Ich ordne die Eindrücke in der Reihenfolge, wie sie im Text stehen. Dazu vergleiche ich mit dem Text.
- Dabei stelle ich mir drei Fragen: Wie fing die Geschichte an? Was ist passiert? Wie endete die Geschichte?
- Über meine Gedanken spreche ich mit anderen. △

Welche Lesestrategien setze ich beim Lesen ein?

Ich lese genau.

Wenn ich mir Gedanken zum Text mache, überprüfe ich, ob meine Gedanken zum Text passen.
Dazu suche ich im Text eine passende Stelle.

Wo steht das denn noch mal?

Ich fülle mit meinen Gedanken Lücken im Text.

In einer Geschichte oder in einem Comic wird nicht immer alles erzählt. Es bleiben Lücken.
Hier müssen die Lesenden selbst weiterdenken.
- In einem Comic stelle ich mir vor, was zwischen den Bildern passiert.
- In einer Geschichte überlege ich, was in Situationen passiert, über die nicht erzählt wird.
- Ich frage nach dem, was mich interessiert, und vergleiche es mit dem Text.

Ich versetze mich in die Figuren.

Warum geschieht etwas?
Diese Frage stelle ich mir oft, wenn ich Geschichten lese.
Antwort darauf geben die Figuren.
Dazu überlege ich,
- wie die Figuren sich fühlen und was sie denken und
- was ich tun würde, wenn ich an ihrer Stelle wäre.

Dann vergleiche ich es mit dem, wie sich die Figuren im Text verhalten.
Das hilft mir, die Figuren und die Geschichte zu verstehen.

Welche Lesestrategien setze ich beim Lesen ein?

Ich sehe mir Tabellen genau an.

- Eine Tabelle hat **Spalten** und **Zeilen**.
- Wenn ich wissen will, worum es in der Tabelle geht, sehe ich mir zuerst die Überschriften der Spalten und Zeilen an.

Spalten ↓

Zeilen →

Ich sehe mir Diagramme genau an.

Mengen kann man gut in einem Diagramm vergleichen.
Für **Säulendiagramme** gilt:
Je mehr von einer Sache da ist,
desto höher ist die Säule.
Für **Balkendiagramme** gilt:
Je mehr von einer Sache da ist,
desto länger ist der Balken.
Kreisdiagramme zeigen die gesamte Menge.
Sie sind in (Torten-)Stücke aufgeteilt.
Man kann ablesen, wie sich die Menge verteilt.

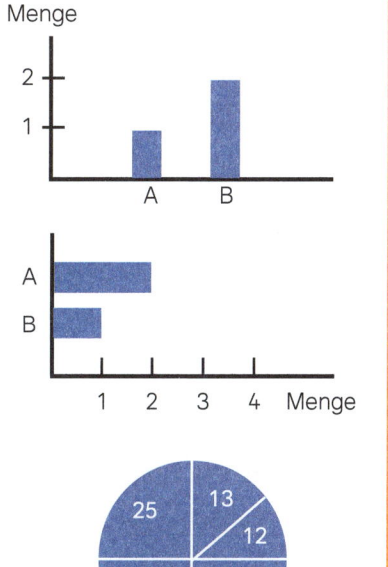

Ich betone sinnvoll.

In jedem Satz suche ich das wichtigste Wort.
- Ich lese es mal lauter, mal leiser als andere Wörter.
- Ich lese schneller oder langsamer, wenn es auf dieses Wort zugeht.
- Ich halte einen Augenblick inne, bevor ich das wichtigste Wort des Satzes ausspreche.
- Ich mache eine kurze Pause, nachdem ich etwas besonders Wichtiges gelesen habe.

Welche Lesestrategien setze ich nach dem Lesen ein?

Ich denke über den Text nach.

Ich notiere, was mir am Text auffällt:
Meine Lieblingsstelle / Eine besonders interessante Stelle /
Ein Satz, den ich besonders schön finde / Was mich überrascht hat
Mit anderen Kindern tausche ich mich darüber aus. △

Ich erzähle mit Erzählkarten oder beschreibe mit Erklärkarten, was im Text steht

Wenn ich anderen eine Geschichte erzählen oder Informationen aus einem Sachtext weitergeben möchte, helfen Erzählkarten oder Erklärkarten.
- Wenn ich Erzähl- oder Erklärkarten erstelle, teile ich den Text in sinnvolle Abschnitte ein.
- Zu jedem Abschnitt male ich ein Bild, das ich beschrifte.
- Jetzt zeige ich meine Bilder in der richtigen Reihenfolge und erzähle, was darauf zu sehen ist.

Wir führen eine Lesekonferenz durch.

Ein Kind leitet die Konferenz. Es nennt die Gesprächsthemen und ruft die einzelnen Kinder auf. Am Ende schreibt es drei wichtige Sätze aus eurem Gespräch auf.
- Entscheidet, worüber ihr sprechen wollt:
  - über Interessantes, das ihr erfahren habt,
  - über die Figuren und deren Gefühle,
  - über das Ende der Geschichte.
- Legt eine Reihenfolge der Themen fest.
- Stellt eure Gedanken vor. Tauscht euch darüber aus.
- Begründet eure Meinung mit Stellen aus dem Text.